AF249582

INSTITUTION

POUR AMÉLIORER

LE CARACTÈRE MORAL DU PEUPLE.

DE L'IMPRIMERIE DE FAIN, PLACE DE L'ODÉON.

INSTITUTION

POUR AMÉLIORER

LE CARACTÈRE MORAL DU PEUPLE,

OU

ADRESSE AUX HABITANS DE NEW-LANARK EN ÉCOSSE.

Par ROBERT OWEN.

Traduit de l'Anglais sur la troisième édition,

Par M. LE COMTE DE L......,

Membre de plusieurs Sociétés savantes et philanthropiques.

————

PARIS,

CHEZ LOUIS COLAS, LIBRAIRE DE LA SOCIÉTÉ

POUR L'INSTRUCTION ÉLÉMENTAIRE, rue Dauphine, n°. 32.

1819.

DÉDIÉ

AUX PERSONNES

QUI NE CHERCHENT PAS LEUR INTÉRÊT PRIVÉ,

QUI RECHERCHENT LA VÉRITÉ

DE BONNE FOI, DANS LA VUE D'AMÉLIORER

L'ÉTAT SOCIAL;

QUI ONT LE COURAGE DE LA SUIVRE

PAR TOUT OU ELLE CONDUIT,

SANS SE LAISSER ÉBRANLER DANS CETTE RECHERCHE,

PAR LES PRÉJUGÉS, DE QUELQUE PART QU'ILS VIENNENT.

AVIS DU TRADUCTEUR.

LE progrès des lumières ayant créé depuis trente ans de nouvelles idées, de nouveaux besoins et de nouveaux intérêts, l'état politique et civil des peuples de l'Europe a reçu, et doit encore éprouver des modifications conformes aux circonstances et aux perfectionnemens des arts, des sciences, de l'industrie et du commerce. C'est en vain que des intérêts privés, que l'ignorance ou les préjugés s'opposent à une juste répartition de bien-être entre chaque individu qui compose la grande famille de l'espèce humaine. Des causes bien plus actives et plus puissantes conduisent les sociétés modernes vers une amélioration que la force peut retarder, mais qu'elle ne saurait empêcher. C'est à la prudence des gouvernemens de diriger l'impulsion par des lois et des institutions conformes aux lumières acquises et basées sur l'intérêt général. Si la raison et l'humanité ne leur en faisaient pas un devoir, ils devraient au moins se laisser entraîner par une impérieuse nécessité, et par le motif calculé de leurs propres intérêts.

Les changemens qui se sont opérés n'ont été ni prévus ni dirigés par la sagesse qui devrait être l'apanage de tout gouvernement. Ceux qui doivent nécessairement avoir lieu seront-ils le fruit de cette sagesse? On aime à le penser; mais cependant l'expérience du passé n'en donne pas une garantie suffisante.

Un nouvel ordre de choses, conforme aux lumières, au besoin des peuples, doit s'établir en Europe, surtout dans les pays où les abus et les dilapidations sont portés à l'excès, comme en Angleterre, pays où l'opulence excessive repose à côté de l'indigence la plus profonde; comme en Espagne, où toute espèce d'industrie est anéantie, toute liberté d'esprit et d'action arrêtée dans sa marche.

Des amis de l'humanité se sont occupés depuis long-temps à rechercher les moyens propres à prévenir les maux qui menacent la Grande-Bretagne. M. Owen figure avec distinction dans la liste de ces philanthropes. Persuadé que des projets théoriques, même lorsqu'ils reposent sur des principes reconnus, et sur un certain nombre de faits, n'entraînent pas toujours l'assentiment et la conviction du public, M. Owen, après avoir médité pendant long-temps le meilleur plan à suivre, pour remédier aux maux physiques et moraux qui pèsent, dans l'état actuel de l'Angleterre, sur les classes laborieuses du peuple, a fondé, il y a seize ans, l'établissement qu'il propose aujourd'hui comme modèle à suivre dans tous les pays où l'on cherche à améliorer le sort du peuple.

L'adresse dont nous donnons la traduction a été prononcée, en 1818, aux habitans de cette co-

Ionie, dont le nombre s'élève à plus de trois mille. Elle présente le développement des principes de M. Owen, et les vues de bienfaisance dont il est animé. On regrette que ce philanthrope n'ait pas fait connaître les moyens qu'il a employés pour corriger les vices grossiers dont était infectée cette population, lorsqu'il a entrepris de la soumettre à une nouvelle discipline, et comment il est parvenu à lui inspirer l'amour de l'ordre, du travail, de la décence, les sentimens d'une saine morale, et l'observance des devoirs sociaux. M. Owen, que nous avons connu pendant le séjour qu'il a fait à Paris, il y a peu de mois, nous a promis de publier un écrit sur cet important sujet.

Le grand but qu'il s'est proposé dans ses travaux, c'est, 1°. de secourir les classes indigentes et d'améliorer leur sort; 2°. de détruire la mendicité et tous les maux qu'elle entraîne après elle; 3°. de moraliser le peuple, ou de lui donner les principes et les habitudes qui peuvent seuls contribuer à son bonheur, et à celui du corps social.

Les vues et les principes manifestés dans les écrits de M. Owen nous ont paru conformes à la saine raison et à l'utilité publique. L'application qu'il a faite de ces principes ne laisse rien à désirer au rapport des Anglais et des Français qui ont visité son établissement situé à New-Lanark, à deux lieues de Glascow. L'ivrognerie et les autres vices si communs parmi la classe ouvrière de l'Angleterre sont inconnus dans cette petite colonie. Les habitans vivent entre eux dans la plus parfaite intelligence; ils se livrent au travail avec une constance non interrompue; ils ne commettent aucun acte d'injustice envers leurs camarades ou envers les étrangers. Ils sont bien vêtus et bien nourris; leurs enfans reçoivent une éducation soignée dont on a éloigné toute espèce de contrainte. On leur apprend à lire, à écrire, à calculer, à chanter; enfin chaque jour on leur fait exécuter des danses, autant pour exercer leurs facultés corporelles, que pour varier leurs récréations. Tous les étrangers qui ont examiné cet établissement en parlent comme d'un spectacle non moins étonnant par sa nouveauté, que touchant par les résultats avantageux qu'il a produits.

M. Owen pense qu'une pareille organisation peut facilement s'étendre et se multiplier dans les trois royaumes de la Grande-Bretagne, ainsi qu'en France et dans le reste du monde, non-seulement à l'avantage des classes laborieuses, mais aussi, à celui des propriétaires et des fabricans. Il trouve que tous les moyens employés jusqu'à ce moment émanent de faux principes; que celui qu'il propose est basé sur la nature du cœur humain, et que seul il peut et il doit réussir, et qu'en effet il produira un changement total dans le sort et le bien-être de l'humanité entière. Nous ne prononçons pas sur cette grande question. Spectateur bénévole, nous attendons que M. Owen mette en action les moyens infaillibles qu'il croit posséder. Mais il n'est pas moins vrai que l'humanité a de

grandes obligations à ce philantrhope, que les principes et les vues exposées dans son *adresse* font l'é-
loge de son caractère, et sont dignes d'être médités
par les hommes qui s'occupent d'améliorer le sort
du peuple. C'est dans cette pensée que nous livrons
au public la traduction de son *adresse aux habitans
de New-Lanark*. Il est bon de consigner dans les
fastes de l'esprit humain, toutes les idées et les vues
qui présentent des résultats utiles, lors même qu'elles
ne seraient pas à l'abri de toute objection.
Notre auteur a pour lui la pratique et une expérience de 16 années. Heureusement les argumens
viennent se briser contre l'évidence des faits.

Nous croyons devoir présenter au lecteur un
court aperçu de la vie de M. Owen, avec lequel
nous avons eu des relations personnelles.

En rendant hommage à son zèle ardent et désin-
téressé pour le bien public, et à son amour pour
la justice et pour la vérité, nous citerons le passage
où il se fait connaître lui-même.

« Je suis né à New-Town, dans le comté de Mont-
gommery. J'en suis sorti à l'âge de 10 ans pour me
rendre à Londres. Je fus ensuite à Stemford, dans
le Lincolnshire, où j'habitai pendant trois années.
Je revins à Londres, et je demeurai peu de temps
chez MM. Eliot et Palmer. De là, je me rendis à
Manchester, où je me livrai à la construction des
machines et à la filature du coton, d'abord avec un
associé et ensuite pour mon propre compte. Peu de
temps après je dirigeai, pendant l'espace de trois

ans, la filature de M. Drinktwater. Après avoir formé une nouvelle société, et avoir construit un moulin pour la filature du coton, j'achetai avec mes associés la filature et l'établissement de New-Lanark, où l'on m'a vu pendant 16 ans. Je suis âgé de 46 ans. Telle est l'histoire de ma vie, dont chaque parti peut faire l'usage qu'il voudra. Je ne pense cependant pas que la conduite bonne ou mauvaise d'un particulier, puisse porter la moindre atteinte aux principes que je soutiens, ou en affaiblir la vérité. Ces principes existent indépendamment de toute circonstance, et ils resteront inébranlables dans la suite des siècles. »

INSTITUTION

POUR AMÉLIORER

LE CARACTÈRE MORAL DU PEUPLE.

ADRESSE AUX HABITANS DE NEW-LANARK EN ÉCOSSE.

Nous nous réunissons en ce jour pour faire l'ouverture de cette Institution. Je me propose de vous exposer l'objet de sa fondation, et toute l'importance qu'il présente.

Premièrement, il est relatif au bonheur immédiat et au bien-être de tous les habitans de ce village.

Secondement, il est avantageux aux personnes qui se trouvent dans notre voisinage.

Troisièmement, il doit améliorer le sort des habitans de la Grande-Bretagne.

Enfin, il doit produire une amélioration graduelle chez toutes les nations du globe.

Je vais expliquer en peu de mots comment les effets que j'annonce doivent résulter de cette Institution.

Long-temps avant que je vinsse m'établir parmi vous, je m'étais spécialement appliqué à découvrir l'étendue, les causes, et le remède des maux et de la misère auxquels ont été soumises, dans chaque siècle, toutes les classes de la société.

L'histoire m'a appris que d'innombrables tentatives avaient été faites dans tous les temps pour diminuer ces maux; j'ai vu que la génération actuelle, excitée par la connaissance du passé, s'est activement livrée au même genre de poursuite. Mon esprit a reçu de bonne heure une semblable direction; j'ai éprouvé un vif désir de remonter jusqu'aux sources dans l'examen d'un sujet qui intéresse le bonheur de l'humanité entière.

Je me suis bientôt aperçu que la seule route qui conduisait à la connaissance de ce sujet n'avait jamais été frayée, qu'on s'était dirigé au contraire dans une voie opposée, et qu'on espérerait en vain des résultats heureux, aussi long-temps que les causes de cette fausse direction existeraient. En effet, l'expérience prouve combien ont été vaines les tentatives faites à ce sujet. L'esprit inventif de l'homme agissant uniquement dans cette recherche, on a rejeté le moyen qui conduit à toute vérité, l'expérience. Les prestiges de l'imagination, opposés à l'existence des faits, ont seuls influencé dans le plus important objet de la vie. Profondément convaincu de cette erreur fondamentale, ayant suivi la marche de l'ignorance humaine et des maux qui en ont été la suite; ayant recherché avec calme et patience les causes qui ont propagé ces maux sans interruption d'une génération à l'autre, et ayant réfléchi sur les obstacles qui se rencontrent lorsqu'on ne donne pas une autre direction à l'esprit humain, je me suis déterminé à consacrer ma vie à la délivrance du genre humain accablé de ce mal moral, et des suites funestes qu'il entraîne après lui.

J'étais intimement convaincu que le mal était universel ; que personne, pas même un seul homme, n'avait suivi le vrai sentier en fait de pratique ; qu'il était indispensable de s'en frayer un ; que la réforme de l'esprit humain devait être basée sur des principes diamétralement opposés à ceux qui avaient été employés : en un mot, que l'esprit de l'homme devait renaître, les connaissances et la pratique s'élever sur de nouvelles fondations.

Voyant la futilité des méthodes d'instruction, et l'erreur qui caractérisait les divers genres de gouvernemens, j'étais pleinement convaincu que ce n'était pas avec de pareils moyens qu'on arriverait au but désiré, mais qu'on s'écartait ainsi du point où les précepteurs de l'espèce humaine et les gouvernemens voulaient arriver.

En méditant constamment sur un sujet de cette importance, je me suis aperçu qu'on perdait le temps à reproduire sans cesse des préceptes qui pouvaient être bons en théorie, tandis qu'on ne prenait aucune mesure décisive, afin de placer l'espèce humaine dans des circonstances où ces préceptes pussent être mis à exécution. Je me suis donc

déterminé à former des dispositions préparatoires,
et à conduire ainsi à des vérités dont la connaissance dissiperait les erreurs et les maux de tout système politique et religieux.

Ne soyez pas effrayés par la grandeur de l'entreprise que je viens de vous exposer. Tout changement, à mesure qu'il aura lieu, produira un bien
réel et permanent, sans occasioner aucun mal.

L'esprit des hommes, formé d'après le vieux
système, ne sera pas assez puissant pour mettre des
obstacles capables de retarder les progrès des vérités que je vous présente. Les faibles attaques de
l'ignorance peuvent s'y opposer pendant un court
espace de temps ; mais elles ne serviront qu'à ac-
célérer les résultats aussitôt que ces vérités seront
comprises dans toute leur extension. On sera forcé
de les reconnaître, ainsi que les avantages que chacun en retirera dans la pratique ; car j'affirme que
ce système ne nuira pas à un seul homme. Quelle
douce pensée, lorsque je considère que je puis être
l'instrument qui servira à introduire dans la société
un système pratique, dont l'exécution entière produira, jusque dans les siècles reculés, le bonheur de
l'espèce humaine ! Quelle réflexion encourageante !
combien je me sens excité à poursuivre mon plan !
et combien je suis loin de désirer pour cela des ri-
chesses, des honneurs et des éloges ! Je déclare
que cette Institution, et tout ce que je fais dans ce
moment, sont le résultat des principes que je viens
d'énoncer.

J'ai reconnu que, pour produire un changement utile et permanent dans la société, il valait mieux agir que parler. Je fis d'abord l'épreuve des nouveaux principes, sur une échelle limitée, dans le sud de l'Écosse. Les résultats ont dépassé de beaucoup mes espérances, et j'ai cherché par la suite un champ où je pusse agir plus en grand. Je vis New-Lanark, où je trouvai plusieurs circonstances favorables à mes desseins : je pus disposer de cet établissement. Cette époque date de seize années, ainsi que plusieurs d'entre vous peuvent se le rappeler. Seize années d'action présentent une période notable, pendant laquelle de grands changemens ont eu lieu. Vous avez été témoins de mes procédés, depuis le moment où j'ai pris la direction de cet établissement jusqu'à ce jour. Je vous demande donc, et je vous prie de répondre, soit en particulier, soit en public, se trouve-t-il quelqu'un parmi vous qui se soit aperçu que les mesures que j'ai prises, sans en excepter une seule, ne fussent pas dirigées évidemment en faveur du bien-être de cette population ? Je suis content de voir que vous êtes tous convaincus de cette vérité. Vous connaissez quelques-uns des obstacles que j'ai éprouvés ; mais vous n'en connaissez pas la dixième partie. Après tout, ces obstacles ont été peu nombreux, comparativement avec ceux auxquels je m'attendais, et que j'étais préparé à combattre ; je crois que je les aurais également surmontés.

Les circonstances dans lesquelles je vous ai trouvés me paraissent avoir été les mêmes que celles des autres districts manufacturiers, si j'en excepte la maison d'hospice des jeunes enfans, soutenue à cette époque par la charité publique. Cette partie de l'établissement, parfaitement bien organisée, faisait l'éloge de l'active bienfaisance de David Dale de Glascow, fondateur de cette institution et du village. Vous connaissez sa personne et son mérite : ses intentions et ses efforts prouvent qu'il vous regardait comme ses enfans. Sa mémoire doit être vivement empreinte dans votre cœur. Il lui était difficile de penser, lorsqu'il posa la première pierre de cet établissement, qu'il produirait une institution d'où naîtrait, non-seulement une amélioration dans le sort de ses compatriotes souffrans, mais aussi les moyens qui présenteraient le bonheur à toutes les nations du monde.

J'ai constaté que la population de ce lieu était à mon arrivée pareille à celle des autres districts manufacturiers; c'est-à-dire qu'elle était plongée, à peu d'exceptions près, dans la pauvreté, le crime et la misère ; enfin qu'elle était, ainsi que beaucoup de gens, très-opposée à toute espèce de changement. D'après les principes qui ont jusqu'ici dirigé la conduite des hommes, et d'après la méthode commune de procéder, on eût commencé par punir les personnes qui se rendaient coupables de crimes, et on eût été très-indisposé contre ceux qui travaillaient à améliorer un régime aussi vicieux. Cependant les principes sur lesquels est fondé le nouveau système conduisent à une manière d'agir bien différente ; ils démontrent, jusqu'à l'évidence, que, lorsque les hommes sont plongés dans la pauvreté ; lorsqu'ils commettent des crimes ou des actions nuisibles à eux-mêmes et aux autres ; lorsqu'ils sont réduits à la dépravation, il doit y avoir des causes matérielles de ces déplorables effets ; et qu'au lieu de punir et de maltraiter nos semblables, parce qu'ils ont été soumis à cette misérable existence, nous devrions les plaindre, et avoir pour eux de la commisération ; nous devrions remonter avec patience aux causes qui ont produit de tels maux, et chercher à découvrir si on ne peut y apporter remède. Telle est la marche que j'ai suivie ; je n'ai pas cherché à punir les délinquans, ni je ne me suis pas irrité lorsque votre conduite était opposée à votre propre bonheur. Lorsque j'ai pris en apparence une attitude ferme et résolue, je n'étais excité par aucun sentiment de passion contre qui que ce fût. Je cherchai avec calme l'origine des maux dont vous étiez affligés. J'en aperçus bientôt les causes, même les plus éloignées.

Je reconnus que ce qui occasionait principalement votre misère était les habitudes qu'on vous avait laissé prendre, la fausseté, le mensonge, l'ivrognerie, la mauvaise foi dans vos transactions, le manque de charité relativement aux opinions des autres, les erreurs qu'on vous a inculquées sur la supériorité de votre croyance religieuse, en vous persuadant qu'elle était faite pour vous rendre plus heureux que toutes les autres opinions dont on a imbu l'esprit humain ; j'ai trouvé aussi que ces causes n'étaient que l'effet d'autres causes, qui doivent toutes être attribuées à l'ignorance de nos ancêtres, dans laquelle nous avons persévéré nous-mêmes jusqu'à ce jour.

Mais le moment est arrivé où un changement doit être produit : une nouvelle ère doit commencer. L'esprit humain, qui jusqu'ici a été partout enveloppé des ténèbres de la plus grossière ignorance et de la superstition, doit enfin être éclairé. Les causes qui alimentent les dissensions et les haines doivent cesser; car le temps est arrivé où toutes les nations du monde, où les hommes de toutes les couleurs et de tous les climats, de mœurs dissemblables, doivent être conduits à ce genre de connaissance, qui leur inspirera non-seulement l'amour des uns pour les autres, sans aucune exception, mais aussi une bienveillance qui jamais ne cessera d'être active. Je ne prononce pas ici des paroles vides de sens, mais je parle d'après ce que je connais, d'après les résultats d'un examen calme, d'après des comparaisons exactes sur ce qui nous environne, et, enfin, d'après des travaux que j'ai poursuivis pendant un quart de siècle. Quelle que soit l'aversion qu'éprouvent les hommes lorsqu'il s'agit de se dépouiller des préjugés dont ils ont été imbus dès leur jeunesse, je m'engage de vous prouver d'une manière évidente, ainsi qu'à tout le monde, la vérité de ce que j'ai avancé et de tout ce que j'avancerai. En effet, telle est ma confiance dans la vérité des principes sur lesquels est fondé le système à l'introduction duquel je travaille, que ces principes forceront indubitablement les hommes à s'écrier : « Ce système est certainement vrai, et éminemment calculé pour réaliser ces préceptes inappréciables de l'Évangile : charité universelle, bienveillance et paix parmi les hommes ». Nous avons été élevés dans l'erreur jusqu'à ce moment ; c'est d'après la conviction où je suis de la bonté de mon système, que je le regarde comme le précurseur de la période où nos glaives se changeront en socs de charrues, nos épées en instrumens de jardinage, où l'amour et la bienveillance universelle prévaudront, où il n'y aura qu'un langage et qu'une nation, et où la crainte de l'indigence, ou de quelque mal parmi les hommes, ne sera plus connue.

Agissant sans frapper vos regards, et conduisant ce système avec suite et courage, je m'appliquais toujours à écarter les causes qui produisaient sans cesse la misère parmi vous ; état auquel vous auriez été réduits à jamais, si je n'y eusse apporté remède.

C'est ainsi que j'ai détruit les penchans les plus vifs qui vous portaient à la fausseté, au vol, à l'ivrognerie, et à d'autres habitudes vicieuses, avec lesquelles plusieurs d'entre vous étaient alors familiers. J'ai introduit à leur place d'autres causes qui devaient produire de meilleures habitudes extérieures, et ces habitudes ont pris la place des premières. Je dis de meilleures habitudes *exté-*

rieures, car mon action n'a été dirigée jusqu'à ce moment que sur celles-ci. Je considère ce que j'ai fait comme des moyens uniquement préparatoires.

Cette institution doit produire des effets bienfaisans et permanens, lorsqu'elle sera complète dans toutes ses parties ; au lieu d'employer dorénavant des expédiens temporaires, afin de corriger vos habitudes externes les plus marquées, elle doit produire une amélioration complète dans le caractère *intérieur* et *extérieur* de tous les habitans de ce village. C'est dans ce dessein que l'institution a été disposée pour recevoir vos enfans dès l'âge le plus tendre, lorsqu'ils peuvent à peine marcher. Par ce moyen, plusieurs mères de famille se procureront une existence plus confortable, maintiendront plus facilement leurs enfans ; elles auront moins de peine et d'anxiété pour ce qui les concerne ; car vos enfans ne pourront acquérir de mauvaises habitudes, et on les disposera insensiblement à contracter les meilleures.

La chambre, située au milieu du rez de chaussée, sera disposée d'après leur convenance ; et c'est là que, dans la saison rigoureuse, ils seront principalement occupés à jouer et à s'amuser. On leur permettra dans les autres saisons de s'exercer sur le terrain situé en face du bâtiment ; car il est nécessaire de tenir les enfans, autant que possible, en plein air, afin de leur donner une constitution vigoureuse. Dans un âge plus avancé, ils seront admis dans les salles de gauche et de droite, où on

leur enseignera les élémens des connaissances ordinaires, qu'ils peuvent acquérir avec perfection
avant l'âge de six ans. Ces salles seront considérées
comme le lieu des écoles préparatoires. Vos enfans, après y avoir resté le temps nécessaire, seront admis dans un autre local, qui tiendra lieu
en même temps de chapelle, et qui, avec les cham-
bres voisines, servira d'école. C'est là où ils appren-
dront tous à lire, à écrire, à compter, à coudre et
à tricoter. Ces notions seront enseignées aux enfans
avant qu'ils aient atteint leur dixième année; car personne ne travaillera avant cet âge. La danse entrera
dans l'éducation des enfans, afin de donner de l'agi-
lité à leur corps et de la gaieté à leur esprit ; on
apprendra en outre aux garçons les exercices mili-
taires, le chant à ceux qui auront un bel organe, et
la musique instrumentale à ceux qui en auront le
goût; car on a pour but de varier leurs amusemens
autant que les circonstances pourront le permettre.

Les salles situées à l'est et à l'ouest du rez-de-
chaussée, seront destinées, lorsque le temps sera
mauvais, aux exercices et aux récréations des enfans, qui étudieront dans ces mêmes salles à des
heures déterminées.

C'est ainsi qu'on occupera les enfans durant la
saison de l'hiver. Pendant l'été, ils acquerront de
l'instruction en examinant les œuvres de la nature
et de l'art ; ils feront à cet effet, avec leurs maîtres,
des courses dans les lieux voisins.

Les appartemens destinés à l'école, seront appropriés et exposés au grand air, lorsque les enfans en sortiront ; ils seront chauffés et éclairés pendant l'hiver, et disposés pour recevoir l'autre partie de la population. C'est pour cette raison qu'ils doivent convenir également aux enfans et aux jeunes gens des deux sexes, qui auront été employés au travail pendant le jour, et qui cependant désireraient se perfectionner dans la lecture, l'écriture, l'arithmétique, la couture, ou apprendre quelque art utile ; c'est dans ce dessein qu'on établira des maîtres et des maîtresses, qui leur donneront des leçons chaque soir pendant deux heures. Les trois salles au-dessous seront chauffées et éclairées ; on y admettra les adultes des deux sexes, qui y trouveront tout ce qui sera nécessaire pour lire, écrire, compter, coudre, jouer, converser, ou se promener. On maintiendra l'ordre le plus exact, afin que chacun ne soit pas troublé dans la jouissance de ces avantages, jusqu'à ce que l'habitude rende toute espèce de contrainte inutile ; ce qui ne tardera pas d'arriver par suite des mesures qui seront prises. Deux soirées de chaque semaine seront destinées à la danse et à la musique ; mais, alors même, ceux qui préfèrent l'étude, ou qui voudront passer le temps comme ils ont coutume de le faire, en auront toutes les facilités. On destinera une des pièces pour donner, de temps à autre, une instruction utile aux personnes âgées. Car, croyez-moi, mes amis, vous êtes encore loin de connaître la meilleure manière d'élever vos enfans, et de conduire vos affaires domestiques. Vous manquez encore de la sagesse qui doit diriger vos actions, et vous conduire à un plus grand bonheur. Il sera facile de vous enseigner ce qui est juste et honnête; vous y serez portés par votre propre intérêt; la seule difficulté réelle qui se présente est de vous faire oublier ces habitudes et ces sentimens pernicieux si fortement empreints dans tout votre être par une suite de ceux qui remontent à l'antiquité la plus reculée, que vous les croyez inséparables de votre propre nature. Je vous prouverai cependant bientôt que vous vous trompez, ainsi que tous les hommes. Mais ne croyez pas, d'après ce que je viens de dire, que je veuille attaquer, même dans les choses les plus indifférentes, la liberté des sentimens particuliers ou celle des opinions religieuses. Non! je ne leur ai opposé jusqu'ici aucune barrière, et tous ceux qui s'intéressent à mes vues, ont pris des moyens propres à garantir le plus beau de vos priviléges. Je déclare publiquement (et je voudrais que cette publication pût être entendue de tout le genre humain, et frapper vivement les esprits), que « celui qui le premier porta atteinte aux jugemens individuels et aux opinions religieuses, fut l'auteur de l'hypocrisie et la cause primitive des maux innombrables qui ont pesé sur l'espèce humaine depuis le commencement des siècles. Cependant nulle part on ne jouit encore du droit qui appartient à la pensée individuelle ou à la vraie liberté religieuse. Ce droit n'est encore connu chez aucune nation du monde;

de là, cette ignorance que rien ne peut arrêter. On ne le possédera que lorsqu'on connaîtra, et qu'on avouera généralement le principe d'où découlent les opinions.

J'ai consacré ma vie à rendre cette connaissance générale, et à procurer à chacun le droit d'exercer les facultés de son jugement. Je veux faire voir les conséquences utiles et nombreuses qui résulteront de l'adoption de ce principe, en faveur du genre humain. Son application forme même une partie très-essentielle du système qu'il s'agit d'introduire.

Je continue de faire voir comment l'Institution doit contribuer à l'utilité et au bien-être des voisins.

On admettra, sans difficulté, qu'une population élevée dans des habitudes constantes de tempérance, d'industrie et de sobriété, d'une tolérance éclairée et charitable envers les opinions de chaque individu; enfin, que des hommes pénétrés, par l'effet de l'éducation, du désir sincère de faire le plus grand bien possible à leurs semblables et sans aucune exception de personnes, doivent nécessairement, même par leur exemple seul, contribuer d'une manière sensible au bonheur et à l'utilité de leurs voisins. Figurez-vous, afin de sentir toute l'importance de cette considération, deux ou trois mille personnes élevées dans les habitudes du libertinage, et délaissées dans l'ignorance la plus grossière : la paix, la tranquillité, le bien-être, et le bonheur de leurs voisins, ne seraient-ils pas, dans ce cas, renversés de fond en comble? Mais il n'y a rien que j'aie fait ou que je me propose de faire, qui n'ait pour but le bien de mes semblables sous les rapports les plus extensibles. J'ai dû commencer dans ce lieu, et une suite d'événemens singuliers m'ont conduit à former cet établissement. Ce sera donc ce lieu qui en recevra le premier et le plus grand avantage. Mais j'ai toujours été dans l'intention, d'après les principes que je viens d'énoncer, d'ouvrir aux habitans de Lanark ou à ceux du voisinage cette Institution, qui, lorsqu'elle sera entièrement formée, pourra contenir un plus grand nombre d'enfans, que celle de ce village. Les parens dépourvus de moyens pour faire élever leurs enfans, auront la faculté, en manifestant leur désir, de les envoyer à l'établissement où ils trouveront les mêmes soins et les mêmes attentions. Il ne sera établi aucune distinction entre les enfans des parens considérés comme les moins bons, et entre ceux dont les parens seront les plus intègres. Bien au contraire, je préférerais recevoir ceux qui appartiennent aux hommes les plus dépravés, si on les envoyait en bas âge. Ils ont en effet un besoin plus réel de nos soins et de notre commisération. En leur donnant une bonne éducation, nous rendrons un service plus essentiel à la société, que si nous élevions ceux auxquels les parens donnent comparativement de meilleures habitudes. Le système établi dans ce moment, et qui bientôt recevra son extension pratique, a pour but de changer vos sentimens, et votre conduite envers ces malheureux êtres, que l'erreur du temps passé avait désignés sous les noms de mauvais, de méchans, et de pervers. Une connaissance de la nature humaine plus saine et plus profonde, démontrera que ceux qui donnent ces dénominations à leurs semblables, sont non-seulement plus ignorans, mais aussi qu'ils sont la cause plus immédiate des maux qui désolent le monde, que ne le sont ceux qu'ils désignent comme le rebut de la société. A parler exactement, ces hommes pourraient être regardés comme les plus méchans, et les plus pervers; s'ils n'avaient été grossièrement trompés et aveuglés dès leur enfance, ils deviendraient coupables des maux aussi nombreux que déplorables dont ils ont accablé l'espèce humaine pendant un si long espace de temps, par une conduite bien concertée, il est vrai, mais bien erronée. Le voile des ténèbres doit être enlevé de dessus leurs yeux; on démontrera l'erreur qui les a portés à se conduire ainsi, et ils seront frappés d'étonnement. Oui, ils rejetteront avec horreur ces notions auxquelles on leur avait appris dès l'enfance à attacher tant de prix. Prêtez toute votre attention, je vais indiquer la cause et le remède à la perversité humaine. Plus nous avancerons, plus vous serez portés à avoir pitié de vos semblables, au lieu de les haïr et de provoquer leur châtiment. Vous gémirez sur leur sort, vous aurez même de l'amour pour eux, vous serez convaincus que jusqu'à ce jour, ils ont été traités injustement, et même avec une grande cruauté. Le temps est enfin arrivé, mes amis, où notre conduite et celle de tous les hommes, doit être diamétralement opposée à ce qu'elle a été. Vous serez, à mesure que nous avancerons, complètement convaincus de cette vérité qui paraît et qui doit paraître singulière à plusieurs d'entre vous.

Ce qu'on appelle méchanceté chez les hommes, provient d'une ou de deux causes distinctes, ou enfin de la combinaison de ces causes. Les hommes sont réputés mauvais ou méchans,

1°. Parce qu'ils sont nés avec des facultés ou des penchans qui, dans les mêmes circonstances, les portent plus fortement que les autres hommes à commettre des actions que l'on nomme ordinairement méchantes;

2°. Parce que la naissance ou le hasard les a placés dans certaines contrées, qu'ils ont été influencés dès leur naissance par leurs parens, par leurs camarades, etc., et que les circonstances où ils se sont trouvés les ont entraînés graduellement et nécessairement dans des habitudes et des sentimens qu'on appelle vicieux;

3°. Parce qu'ils sont devenus méchans par suite de la combinaison de quelques-unes de ces causes.

Examinons séparément ces causes et cherchons à découvrir s'il en existe qui prennent leur origine dans les individus mêmes; et quelles sont ces causes; et par suite, quels sont les cas où nous devons traiter nos semblables comme on a coutume de traiter ceux qu'on nomme méchans.

J'espère que l'ignorance de vos ancêtres ne vous a pas conduits au degré de folie qui vous ferait croire qu'un enfant faible et impuissant s'est créé lui-même, ou a créé quelques-unes de ses facultés corporelles ou intellectuelles; mais quelle que soit l'opinion qu'on vous ait donnée à ce sujet, il est de fait que chaque enfant a reçu les facultés et les qualités corporelles et intellectuelles dont il jouit, d'une puissance et d'une cause qu'il ne saurait contrarier en aucune manière. Cet individu recevra-t-il donc des mauvais traitemens, et le privera-t-on de sa liberté ou de sa vie dans un âge plus avancé, par la seule raison qu'il a été formé dans le sein de sa mère avec des facultés et des qualités qui ne sont pas celles des autres hommes, par la volonté d'une puissance dont il ne peut changer l'action? Un enfant peut-il faire choix de ses parens, de ses tuteurs, de ceux qui doivent former ses habitudes et ses sentimens? Peut-il à volonté naître parmi des chrétiens ou éviter de devenir un disciple de Moïse, de Confucius, ou de Mahomet, un adorateur de la grande idole Juggernat, un sauvage ou un Cannibale?

Si donc, mes amis, il est impossible qu'un enfant maîtrise des circonstances aussi fortes et aussi puissantes, quel est l'être, doué de la plus faible raison, qui voulût infliger une peine même légère à celui qui se trouve placé dans de telles circonstances ? Quand les hommes commenceront à se guérir de la maladie intellectuelle dont ils sont attaqués depuis si long-temps, et que la rectitude du jugement fera place aux fantômes de l'imagination, alors le genre humain s'écriera : Non ! cela ne peut être ainsi, et l'on s'étonnera qu'une opinion contraire ait si long-temps prévalu. Si l'on demande quelle est l'origine de la méchanceté et de la misère ? je réponds, c'est l'ignorance seule de nos ancêtres : c'est cette ignorance, mes amis, qui a été et qui continue d'être la cause réelle des maux qu'a éprouvés l'espèce humaine ; c'est le méchant esprit qui a dominé sur la terre, qui a semé la discorde et la haine parmi les hommes, qui a trompé grossièrement les hommes en introduisant parmi eux les idées les plus absurdes et les plus extraordinaires relativement à la croyance ; idées qui ont perverti toutes les facultés intellectuelles de l'homme. Ce sont elles qui engendrent à chaque instant de funestes et innombrables passions, qui portent les hommes à devenir, par un accès de folie, ennemis les uns des autres, ennemis de leur bonheur individuel. Aussi long-temps que le monde se laissera abuser par l'ignorance des siècles qui nous ont précédés, c'est folie de croire que nous pouvons devenir réellement bons, sages ou heureux.

Ces opinions sont trop absurdes pour mériter une réfutation, si elles n'étaient la cause de si grands maux, si elles ne détruisaient dès la naissance de l'homme les facultés de la raison. Elles agissent également chez les païens, les juifs, les chrétiens ou les mahométans : elles les mettent dans l'impossibilité de tirer des conclusions justes des faits nombreux qui parviennent à leur connaissance. L'histoire ne nous enseigne-t-elle pas que les enfans ont appris, dans les âges passés, le langage, ont adopté les habitudes et les sentimens de ceux avec qui ils vivaient; qu'ils ne pouvaient en acquérir d'autres ? que chaque génération a pensé et agi comme les générations qui l'ont précédée, excepté dans le cas où ces opinions ont été modifiées par des circonstances, ou changées par l'expérience ? Mais n'est-il pas évident que l'expérience de tous les individus qui existent suffit avec la réflexion pour prouver que nous ne sommes pas plus les maîtres de commander à notre croyance qu'aux vents qui s'agitent dans l'espace? En effet, nous sommes formés de manière à recevoir nos opinions par un concours de circonstances sur lequel nous n'avons aucune action.

L'expérience nous apprend, mes amis, que ces raisonnemens sont aussi évidens que la lumière du jour. Pourquoi donc ne serviraient-ils pas de règle à notre conduite ? Voudrions-nous, après avoir découvert notre erreur, laisser s'appesantir plus longtemps sur nos semblables des maux qui émanent uniquement des opinions barbares dont nous venons de parler? Ont-elles jamais produit un seul bien au genre humain ? N'ont-elles pas engendré, et ne créent-elles pas encore, chaque jour, les maux incalculables auxquels l'homme est soumis chez tous les peuples ? Oui, elles seules mettent obstacle au triomphe de la bienfaisance et de la charité ; elles seules nous empêchent de découvrir la vraie et unique route qui conduit au bonheur. La pomme de discorde jetée sur la terre disparaîtra si l'on écarte ces obstacles. L'espèce humaine n'aura plus qu'un même esprit ; tous les efforts se dirigeront vers le bien général : en un mot, les passions funestes disparaîtront lorsqu'on aura dissipé les erreurs dominantes. Il n'existera plus de motif de haine ou d'indifférence entre les hommes. La supposition d'une période millénaire ne sera plus chimérique, elle sera réalisée par un amour illimité de nos semblables.

Nos voisins ne trouveront-ils pas très-avantageux d'introduire parmi eux un système pratique, au moyen duquel doivent disparaître les causes de haines, de discordes, et de plusieurs autres passions aussi funestes ? On verra régner à leur place les principes éternels d'une charité universelle et d'une bonté constante, d'un amour sans dissimulation, et d'une volonté active qui dirige toutes nos facultés vers le bien de nos semblables, quels que soient leurs sentimens et leurs habitudes, sans considérer s'ils sont païens, juifs, chrétiens ou mahométans ; car ce qui n'est pas compris dans cette doctrine, émane de l'ignorance et d'un méchant esprit, pareil au lion rugissant qui cherche sa proie.

Nous sommes arrivés à la troisième partie de

notre sujet, et il s'agit de montrer que l'objet de cette institution était de produire de grandes améliorations dans tous les lieux de la domination anglaise ; ce qui peut s'effectuer de deux manières :

1°. En présentant aux chefs de manufactures un exemple pratique et assez étendu, qui leur démontrera la manière dont ils peuvent améliorer le caractère et l'état de leurs ouvriers, non-seulement sans en éprouver aucun tort, mais, au contraire, en en retirant des avantages très-marqués ;

2°. En engageant, par cet exemple, la législature anglaise à émettre des lois qui puissent garantir les mêmes avantages aux différentes parties de notre population.

Il est difficile de se former une idée juste des résultats heureux que produirait un système de lois coordonnées dans la vue du bien général et non dans l'intérêt d'un parti ; des lois qui tendraient à diminuer, et finalement à prévenir les maux auxquels sont soumises dans ce moment les classes ouvrières ; des lois qui empêcheraient qu'une grande portion de ces classes fût opprimée par un petit nombre d'hommes ; que plus de la moitié de notre population fût élevée dans la plus grossière ignorance, et que le système des travaux utiles auxquels ils sont soumis leur fût nuisible ; enfin des lois qui mettraient cette partie intéressante de notre population à l'abri des circonstances qui l'entraînent sans cesse à des tentations auxquelles elle n'a pas appris à résister, et qui la portent à des actions aussi contraires à ses propres intérêts qu'à ceux de la société. Les principes d'après lesquels de semblables mesures doivent être prises, étant clairement et loyalement entendus, il sera facile de les adopter. Les avantages qui en résulteront dans la pratique pour chaque membre de la communauté, iront bien au-delà des calculs que peuvent former les publicistes ordinaires.

Voici une partie des grandes améliorations qui, j'espère, seront produites, par cette institution, en faveur de la classe malheureuse et dépendante.

Cependant, mes amis, je serais fortement trompé si ce qu'on a fait, ou ce qu'on projette de faire dans ce lieu, ne produisait pas même pour les autres pays de plus grands avantages que ceux dont je viens de donner l'énumération incomplète. Je suis animé du vif désir de me rendre également utile à tous mes semblables; je ne connais aucune distinction quelconque; les partis politiques ou religieux, les sectaires, sont en tout lieu des causes éternelles de désunion et de discorde. Mon but est donc d'écarter de la société tout ce qui peut engendrer des partis; je rejette également ces divisions basées sur les signes imaginaires qui séparent les nations. Une montagne, une rivière, l'Océan, une nuance de couleur ou une différence de climat, d'habitudes et de sentimens, peuvent-ils servir de raison à une personne sensée, et même à un enfant, si on leur demandait par quel motif on apprend à une portion du genre humain à mépriser, à trahir, et à détruire l'autre portion ? Ces résultats absurdes de la plus stupide ignorance ne cesseront-ils donc jamais d'exister ? Devons-nous maintenir et prolonger des causes qui rendent l'homme ennemi de son semblable ? Est-ce ainsi qu'on hâtera le moment de l'époque promise, où le lion reposera à côté de l'agneau, et où règnera partout une paix non interrompue ? Cette paix, engendrée par des intentions pures, inspirée dès la plus tendre enfance à tous les êtres, est la seule base sur laquelle puisse être fondé le bonheur universel. Je porte cependant avec confiance mes regards sur le moment où cette époque doit arriver, et ce moment n'est pas fort éloigné si l'on veut employer les moyens nécessaires.

Je ne sais quelle idée chaque individu attache au mot millénaire ; mais je sais que la société peut être formée de manière à exister sans crime, sans pauvreté, dans un bien meilleur état de santé corporelle, avec peu de misère, si toutefois il est impossible de l'éviter entièrement, et avec un degré centuple d'intelligence et de bonheur. Rien ne s'oppose dans ce moment à la jouissance générale de cet état social, si ce n'est l'ignorance.

Je prévois quelle sera l'impression produite par l'exposé de mes principes sur l'esprit des hommes religieux, des politiques, des savans, des commerçans et autres qui forment la population de notre empire. Elle parviendra dans l'esprit de chacun à travers le voile des préjugés dont il est imbu. Ce voile laissera pénétrer une moindre quantité de lumière dans l'esprit des savans , à qui on a appris à supposer que le livre des connaissances n'a été ouvert qu'à eux seuls, tandis qu'en réalité ils ont épuisé leurs forces à parcourir le labyrinte de l'erreur. Ils ignorent entièrement la nature humaine. Ils s'appuient sur la théorie , et n'ont pas la moindre idée des résultats qu'on peut obtenir dans la pratique. Ils savent employer avec art toutes les ressources du langage, pour éblouir et confondre les hommes non lettrés et sans expérience; mais leurs raisonnemens s'évanouissent en présence des personnes qui savent les approfondir; et l'on reconnaît facilement la fausseté des principes sur lesquels ils basent leurs systèmes. En un mot, leurs recherches profondes se réduisent à des phrases vides de sens; car l'instruction qu'ils ont reçue, et les raisonnemens qui en émanent, étant également erronés , il leur est impossible de parvenir à des conclusions exactes. Les savans ont toujours cherché la cause des sentimens et des actions humaines dans l'individu, d'après l'apparence extérieure, et les savans ont seuls gouverné jusqu'ici l'opinion du monde. Les individus ont été loués , blâmés ou punis selon le caprice ou l'imagination de cette classe d'hommes; la terre a été inondée de leurs opinions, dont l'absurdité et l'inconstance ont produit des maux innombrables. Les hommes n'auraient pas franchi les premiers âges du monde, sans découvrir les erreurs grossières dans lesquelles ils ont été élevés, si, d'après une loi de la nature, les impressions de l'enfance, quelque absurdes et ridicule, quelque contraires aux faits qu'on les suppose, ne restaient profondément gravées dans l'esprit pendant tout le cours de la vie.

Les hommes n'auraient pas continué à se rendre malheureux les uns les autres, à souiller la terre par de si grandes horreurs. Non! ils auraient découvert depuis long-temps le moyen naturel, simple et facile de créer leur propre bonheur ainsi que celui de leurs semblables. Mais la loi de la nature qui nous permet si rarement d'oublier les premières impressions, et qui deviendra finalement utile à la race humaine, n'a servi, jusqu'à ce moment, qu'à propager l'erreur, et à corrompre le jugement. La situation actuelle des habitans du globe peut se comparer à celle d'un homme dont les yeux ont été couverts d'un bandeau dès sa naissance, et auquel on a persuadé qu'il voyait clairement les formes et les couleurs des objets environnans; cet homme ayant été continuellement flatté de cette notion imaginaire, en a fait un article de sa croyance, de manière à ne jamais souffrir qu'on veuille le dissuader. Si telle est la situation présente de l'espèce humaine, comment pourra-t-on dissiper l'illusion? Quelle démonstration assez forte peut-on, dans de semblables circonstances, employer pour faire comprendre aux hommes leur misère, et leur faire entrevoir les ténèbres où ils sont plongés? Quelle élocution, et quels moyens emploira-t-on? Chaque tentative ne sera-t-elle pas une cause d'irritation, jusqu'à ce qu'on soit parvenu à déchirer le bandeau, et à dissiper la cause de l'aveuglement? Cette obscurité profonde a tellement écarté de vos esprits tous les rayons de lumière, que si un ange descendait du ciel pour vous éclairer sur votre état, vous ne voudriez pas ajouter foi à ses promesses; il ne vous serait pas même permis de l'écouter.

Je n'aurais jamais pu moi-même résister à ces causes, si le bandeau qui couvrait mes yeux ne fût tombé, lorsque j'étais encore jeune; alors il m'a été possible de reconnaître l'aveuglement de mes semblables, et de découvrir les routes difficiles qu'ils s'efforcent de suivre; je suis convaincu en même temps qu'il eût été imprudent, en voulant les secourir, de leur montrer trop subitement l'état de misère où ils vivaient. Je n'ai eu en cela aucun mérite, et si je suis délivré de cette condition malheureuse, je n'ai cependant droit à aucune considération personnelle. Mais pouvais-je, froid spectateur, rester inactif, lorsque j'apercevais autour de moi des objets si déplorables, et des maux de tout genre? Pouvais-je voir tranquillement mes semblables s'acheminer, comme des idiots, vers toute espèce de direction, excepté celle qui devait les conduire au bonheur après lequel ils soupirent?

Non, les causes qui m'ont formé dans les entrailles de ma mère; les circonstances dont j'ai été entouré dès ma naissance, et sur lesquelles je n'avais aucune action, m'ont donné d'autres facultés, d'autres habitudes et d'autres sentimens. Enfin, la nature m'a doué d'un esprit qui ne saurait être satisfait qu'après avoir essayé tout moyen pour retirer mes semblables de leur malheureuse situation ; un esprit, dont l'ardeur ne faisait qu'accroître par les obstacles les plus formidables, et fortement déterminé à vaincre ces obstacles, ou à mourir dans l'entreprise.

Mais la tentative a été faite ; les difficultés innombrables survenues dans le cours de mes travaux, difficultés qui me paraissaient effrayantes à une certaine distance, que d'autres regardaient comme absolument insurmontables, ont diminué insensiblement, et je les ai vues enfin disparaître, telles que les vapeurs légères du matin qui annoncent la sérénité d'un beau jour.

Je n'ai, jusqu'ici, été trompé dans aucune des espérances que j'avais conçues. Les événemens qui se sont succédé, ont dépassé mes désirs ; et, dans ce moment, ma course paraît accélérée. Il n'est plus nécessaire que seul dans le silence, je fasse des efforts pour votre bien-être et pour le bonheur du genre humain ; l'instant est arrivé où je puis appeler d'autres hommes à mon secours, et cet appel ne sera pas fait en vain. Je connais le danger de rompre subitement et sans précaution, les liens de l'ignorance qui compriment l'espèce humaine ; c'est pour cette raison que je me suis occupé, pendant plusieurs années de silence, à déchirer graduellement le funeste voile qui couvre les yeux des personnes les plus influentes dans la société. Les principes sur lesquels se fonde le nouveau système dont je m'occupe, sont particulièrement connus de plusieurs chefs de partis ou de sectes dans ce pays, et de plusieurs chefs de gouvernemens en Europe et en Amérique. Ils ont été présentés à l'examen des universités les plus célèbres de l'Europe. Les esprits les plus éclairés et les plus pénétrans, imbus des maximes de l'ancien système, les ont soumis à la critique la plus sévère, et je vois avec plaisir qu'ils n'ont pu les désapprouver.

Les sociétés anciennes et modernes ont considéré, d'après l'influence de l'éducation et des gouvernemens, comme principes fondamentaux les notions suivantes :

1°. Qu'il est au pouvoir de chaque individu de former son propre caractère ;

C'est de ce principe que sont émanés les différens systèmes désignés sous les noms de religion, de codes de lois et de châtimens :

2°. Que nous pouvons diriger toutes nos affections selon notre volonté ;

De là, sont provenues l'hypocrisie et la dégradation du caractère moral, les misères de la vie sociale, et la majeure partie des crimes dont l'espèce humaine s'est rendue coupable.

C'est de là que dérive cette opinion, qu'il est nécessaire que la plus grande portion des hommes vive dans l'ignorance et la pauvreté, afin d'assurer à l'autre portion le degré de bonheur dont elle jouit dans le présent ordre de choses.

De là, un système d'action contre les efforts de quelques hommes, une opposition générale des individus contre leurs intérêts réciproques, et par suite l'ignorance, la pauvreté et le vice.

Il est cependant prouvé d'après les faits,

1°. Que le caractère des individus est formé *pour* eux, et non *par* eux ;

2°. Qu'on peut donner à l'espèce humaine des habitudes et des sentimens *quels qu'ils soient* ;

3°. Que les affections ne sont pas dépendantes des individus ;

4°. Que chaque individu peut être habitué à produire au-delà de ce qui est nécessaire pour sa consommation, dans toutes les circonstances où il se trouvera du terrain à cultiver ;

5°. Que la nature a créé des moyens par lesquels la population peut être toujours maintenue dans un état où chaque individu jouirait du plus haut degré de bonheur, sans avoir à redouter le vice et la misère ;

6°. Que chaque communauté peut être organisée d'après une sage combinaison des principes avoués plus haut, de manière à faire non-seulement disparaître du monde le vice et la pauvreté, et en grande partie la misère ; mais encore à placer chaque individu dans des circonstances où il jouira d'un bonheur plus stable que celui qui peut résulter des principes par lesquels la société a été régie jusqu'à ce jour ;

7°. Que tous les principes fondamentaux, qui

ont gouverné jusqu'ici la société, sont erronnés, ainsi qu'il est facile de le prouver par les faits ;

Enfin, que les changemens qui auraient lieu par l'abandon de ces pernicieuses maximes, et que l'adoption des principes de vérité, propres à bannir pour toujours la misère, peuvent être réalisés sans occasioner le moindre tort à qui que ce soit.

C'est ici le fondement de l'édifice ; c'est là l'époque de la vraie organisation sociale, car chacun verra clairement qu'il est dans ses intérêts présens et futurs, de donner tous ses soins à une réforme graduelle, basée sur ces principes. Je dis *graduelle*, car ce mot présente des considérations très-importantes. Toute tentative subite ou violente, formée même pour éloigner la misère des hommes, serait plus nuisible qu'utile. Leurs esprits doivent être disposés insensiblement par le changement des circonstances qui les entourent, afin de les rendre propres au grand bienfait qu'on leur prépare. Ils doivent d'abord être convaincus de leur aveuglement. Cette conviction ne peut avoir lieu dans l'état actuel des choses, même parmi les hommes les moins déraisonnables, ou parmi ceux que l'on considère comme la partie la plus saine de la société, sans produire une espèce d'irritation. Il faut donc apaiser ce sentiment d'irritabilité avant de vouloir aller plus loin ; il faut que l'on soit généralement convaincu de la vérité des principes sur lesquels doivent être basées les réformes proposées. Alors il sera facile de les réaliser : les difficultés disparaîtront à mesure que nous ferons un pas; et enfin le désir de voir mettre à exécution l'ensemble du système, fournira tous les moyens nécessaires.

Les principes fondamentaux de ce système ne sont pas nouveaux. Ils ont été souvent recommandés isolément, ou dans leur ensemble par les sages des temps anciens, et par les écrivains modernes. Mais je ne sache pas qu'on en ait formé une combinaison pareille à celle que je propose. Il est facile de prouver que ce n'est qu'*en les mettant simultanément en pratique*, qu'on peut les rendre utiles au genre humain. Je puis affirmer que l'époque où nous vivons a été jusqu'ici la seule où cette pratique puisse avoir un succès certain.

Je ne prétends pas vous cacher les grands changemens qui arriveront. « Les vieilles choses se dissiperont, et tout sera nouveau. »

Mais ce changement ne ressemblera en rien aux révolutions qui ont eu lieu jusqu'à ce moment. Elles n'ont été calculées que pour provoquer les passions haineuses et la vengeance. Le système dont il s'agit, détruira radicalement les sentimens de malveillance et d'inimitié qui existent parmi les hommes. Ceux qui gouvernent et qui instruisent le monde, adopteront un système opposé à celui qu'ils ont suivi jusqu'à présent. Au lieu de consumer les siècles à dire aux hommes ce qu'ils doivent croire, et ce qu'ils doivent faire, les gouverneurs de l'espèce humaine deviendront assez éclairés pour faire usage des moyens par lesquels ils pourront, dans

l'espace d'une génération, porter les hommes con-
fiés à leurs soins, ou seulement à penser, mais encore à agir conformément à leur propre bonheur,
et à celui de leurs semblables. Un résultat si extraor-
dinaire aura cependant lieu sans employer les châtimens ni aucune force apparente. On saura dans ce
système si un ordre doit être exécuté ou non,
avant même qu'il ne soit émis. Les hommes ne
seront pas appelés à donner leur consentement à
des doctrines et à des dogmes qui n'entraînent pas
la conviction de leur esprit. On ne leur dira pas
qu'il peut y avoir du mérite à faire, ou du blâme à
ne pas faire ce qui n'est pas en leur pouvoir. On ne
leur apprendra pas, comme aujourd'hui, à aimer
ce qu'ils doivent repousser par l'effet de leur constitution. Ils ne seront pas élevés dans des opinions
féroces, qui les portent nécessairement à mépriser
et à haïr le genre humain, si l'on excepte la portion
qui se trouve placée dans le cercle étroit de leur
existence; tandis qu'on leur répète qu'ils doivent
aimer cordialement leurs semblables. Non, mes
amis, ce système s'établira dans le cœur de tous
les hommes; il est basé sur des principes qui n'ont
aucune ressemblance avec ceux qu'on a suivis jusqu'à
ce moment; ils leur sont même diamétralement
opposés. Les effets qui en résulteront sont aussi
différens de ceux que nous offre l'histoire, ou de
ceux dont vous êtes témoins, que l'hypocrisie, la
haine, l'envie, la vengeance, la guerre, la pauvreté, l'injustice, l'oppression, et toutes les calami-

tés qui les accompagnent, sont opposées à la charité bienfaisante, et à cet amour épuré dont nous entendons parler sans cesse, mais que nous n'avons jamais vu, et que nous ne pouvons jamais voir dans le système actuel. Cette charité et cet amour n'admettent aucune exception. Ils s'étendent à tous les enfans des hommes, quelles que soient la doctrine dont ils aient été imbus, ou l'éducation qu'ils aient reçue. Ils ne considèrent pas le pays qui les a vus naître; la constitution qu'ils ont reçue de la nature; leurs habitudes ou leurs sentimens. Une charité ingénue, et un vrai amour, nous enseignent que notre conduite ne doit jamais varier vis-à-vis de nos semblables, lors même que les opinions qui nous ont été suggérées comme les plus justes et les meilleures, seraient diamétralement opposées aux leurs; car, lorsque nous verrons les choses telles qu'elles sont réellement, nous reconnaîtrons que chaque individu a été, dès son enfance, sujet ainsi que nous aux influences de l'éducation; qu'on lui a appris également à porter un jugement favorable sur ses propres sentimens et sur ses actions, et que toute la différence consiste en ce que les uns sont nés sous un tel climat, et les autres sous tel autre. Si ce que je viens d'énoncer n'est pas conforme à la vérité, toutes nos espérances s'évanouissent; les dissensions, la pauvreté et le vice doivent régner éternellement. Les faits sont cependant assez nombreux pour repousser toute crainte à ce sujet. Il est facile de faire voir la cause de toutes les opinions qui, dans ce moment, déchirent et tourmentent le monde. Cette cause étant découverte, les hommes rejetteront tout ce qui est contraire à la vérité et au bonheur. Ainsi, l'on préviendra les maux qui résultent de la variété des sentimens. En un mot, mes amis, le nouveau système est fondé sur des principes qui préviendront dans la génération naissante tous, ou presque tous les maux que nous et nos ancêtres avons éprouvés. On acquerra une connaissance exacte de la nature humaine; l'ignorance disparaîtra, et les passions haineuses seront étouffées dès leur naissance. La charité et la bonté domineront chez tous les hommes; on ne connaîtra plus la pauvreté, l'intérêt de chaque particulier sera intimement lié avec l'intérêt général. La tempérance et la simplicité dans les manières formeront le caractère spécial de chaque société. Les défauts naturels du petit nombre seront compensés largement par les procédés et les sentimens de bonté qu'on aura pour eux. Personne n'aura sujet de se plaindre; car chacun possédera, sans nuire à autrui, tout ce qui peut constituer ses jouissances, son bien-être et son bonheur. L'introduction pratique du système que j'ai médité dans le silence, depuis plus de vingt-cinq années, aura les résultats que j'annonce.

Cependant il est plusieurs autres dispositions à prendre avant de réaliser l'exécution entière de ce système. Il ne s'agit pas de le mettre en pratique dans ce lieu. L'établissement était trop fortement combiné d'après l'ancien système, lorsque je suis arrivé parmi vous, pour être entièrement modifié d'après le nouveau plan. Néanmoins les avantages qu'on y a introduits ne laisseront pas que d'être très-sensibles, et j'espère, malgré les obstacles qui se présentent, vous faire recueillir de votre travail, ainsi qu'à vos enfans, des fruits bien plus réels que tous ceux dont on a joui dans des circonstances semblables, ou dans quelque partie du monde que ce soit. Ce n'est pas tout, lorsque vous et vos enfans serez en pleine possession des résultats que je prépare en votre faveur, vous prendrez alors des habitudes conformes à la dignité de l'homme; votre esprit s'agrandira; vous jugerez avec discernement la cause et les conséquences des mesures que j'aurai prises, et vous saurez les apprécier. Vous désirerez alors de vivre dans un meilleur ordre social, ordre qui portera avec lui les moyens de prévenir les passions nuisibles, la pauvreté, le crime ou la misère, dans lequel chaque individu sera instruit, chaque faculté du corps et de l'esprit dirigée par la sagesse et l'expérience, de manière qu'il n'existera plus ni mauvaises habitudes, ni faux sentimens, ordre dans lequel on aura du respect et des égards pour la vieillesse, et où les distinctions injurieuses seront méconnues. La dissemblance des opinions n'engendrera plus de discorde, plus de méfiance entre les hommes; la santé, la force et l'intelligence des individus prendront une nouvelle activité; le travail aura toujours une direction utile, les jouissances rationnelles deviendront le partage de chaque individu.

Il sera formé, en temps opportun, des comités auxquels seront admissibles ceux d'entre vous, et même tout individu dont les mauvaises habitudes et les sentimens désordonnés n'ont pas jeté de trop profondes racines, et ceux dont l'esprit sera assez affranchi des pernicieux effets de l'ancien système, pour qu'il leur soit permis de jouir du bonheur qu'offre le nouveau système (1).

Je conçois qu'après avoir entendu ce discours singulier, car il doit paraître tel à plusieurs d'entre vous, vous devez en tirer une ou deux conclusions; à savoir que le monde s'est grossièrement trompé jusqu'à ce jour, et qu'il se trouve encore dans la plus profonde ignorance, ou que je suis complétement dans l'erreur.

Vous direz donc que les probabilités sont fortement contre moi. Il est vrai : mais les probabilités ont toujours été également contre ceux qui ont fait quelque découverte.

Pour obtenir les résultats que j'ai long-temps médités en silence, les moyens dont je me suis servi ont été si éloignés, ou, pour mieux dire, si opposés à la manière habituelle d'agir, que plusieurs ont pensé que j'étais un insensé. Une pareille idée était favorable à mes projets, et je n'ai rien

---

(1) On s'étendra plus au long sur ces comités dans un ouvrage qui doit être livré au public.

fait pour la combattre. Mais la question de ma folie, ou de celle du monde sera décidée dans peu de temps. On a inspiré à ce monde un grand degré de folie, ou je suis moi-même un insensé. Vous avez été témoins de mes actions et des mesures que j'ai suivies pendant seize années. Les projets que j'ai entrepris sont assez avancés pour que vous puissiez saisir en partie l'objet que je me suis proposé. Vous serez donc juges dans cette cause. La folie est inconséquente. Que les parties soient jugées par cette règle.

Mon projet constant a été d'améliorer votre condition, celle de tous les hommes qui se livrent à une occupation pareille à la vôtre, et enfin le sort de l'espèce humaine qui me paraît dans une déplorable situation. Dites donc, autant que vous le connaissez, si les mesures que j'ai employées ont été judicieuses. N'ai-je pas agi avec calme, avec constance et avec patience dans le perfectionnement du plan formé pour vaincre vos habitudes pernicieuses, vos préjugés et les maux dont vous étiez affligés ? L'exécution de différentes parties de ce plan n'a-t-elle pas rempli parfaitement le but que je m'étais proposé ? N'en retirez-vous pas dans ce moment les plus grands avantages ? Ai-je fait à aucun de vous le tort le plus léger ? N'ai-je pas trouvé, dans le cours de mon entreprise, l'opposition la plus violente de la part de ceux qui auraient été mes coopérateurs les plus actifs, s'ils eussent connu leurs vrais intérêts ? N'ai-je pas surmonté toutes ces attaques, sans moyens apparens, et n'ont-elles pas même hâté l'exécution de mes projets? En un mot, n'ai-je pas été capable de conduire d'une main les nombreux détails de la partie commerciale de cet établissement, et de l'autre main de diriger une entreprise qui semble plutôt être l'ouvrage d'une nation que celui d'un particulier, dont le succès et les effets étonneront de profonds théologiens, et des hommes d'état non moins heureux qu'expérimentés; un système où l'on élèvera des enfans qui, à l'âge de douze ans, surpasseront en vraie sagesse et en connaissance le savoir tant vanté des docteurs modernes, celui des sages de l'antiquité, celui des inventeurs de systèmes qui n'ont jusqu'à présent servi qu'à jeter la confusion et le désordre parmi les hommes qui ont été la cause des maux que nous déplorons aujourd'hui?

Vous seuls, comme témoins de mes actes, devez en être les juges. Dans cet état de cause, je ne puis, sans hypocrisie, prétendre ne point connaître là vos conclusions.

Quelle a été la conduite du monde pendant le long espace de temps où je travaillais en silence pour votre bien, et pour celui de mes semblables?

Après avoir examiné avec réflexion les actions des hommes, telles que l'histoire des temps passés nous les présentent, il était nécessaire à mes projets que je connusse les hommes tels qu'ils sont de nos jours. Je devais également acquérir, par observation, une connaissance exacte des effets produits par les habitudes et les sentimens chez les différentes classes, selon les circonstances particulières auxquelles elles se trouvent soumises. Les causes qui ont formé mon esprit pour cette entreprise, celles qui ont écarté tant de difficultés qui paraissaient insurmontables au commencement aplanissent aujourd'hui la route qui doit me conduire au but. Par la connaissance que j'avais acquise des hommes, j'ai été à même de pénétrer dans les replis de l'esprit, qui varie selon le genre de société où il a été formé. J'ai découvert les différentes causes qui l'excitent, qui le font agir impérieusement; ce système d'action s'est présenté à moi comme s'il eût été tracé sur une carte.

Dans une telle circonstance, apprendrai-je au monde à se connaître lui-même? ou cette connaissance importante descendra-t-elle avec moi dans la tombe, et vous, vos semblables, les enfans de vos enfans resteront-ils, pendant un grand nombre de générations, sujets aux maux qu'ont soufferts jusqu'ici les habitans de la terre? On n'a pas besoin de faire cette question; ma résolution était prise dans la jeunesse; elle a été affermie et fortifiée à mesure que j'ai avancé en âge. Je poursuis donc mon plan sans avoir égard aux conséquences particulières : je présenterai un miroir à l'homme; je lui montrerai immédiatement ce qu'il *est*, et il sera mieux disposé à devenir ce qu'il *doit être*. La nature de l'homme est telle qu'on peut, avec des moyens convenablement employés dès son enfance, et suivis jusqu'à ce qu'il atteigne l'âge fait, lui apprendre à penser et à agir ainsi qu'on le voudra, pourvu qu'on ne dépasse pas les facultés de son intelligence; il peut facilement croire que tout ce qu'on lui a appris de cette manière est ce qui existe de mieux pour lui et pour le genre humain. On peut aussi lui enseigner que tous ceux dont les opinions diffèrent des siennes sont dans leur tort, et que même ils doivent être punis de mort, s'ils ne veulent penser et agir comme lui. En un mot, on peut le rendre insensé relativement à tous les points qui ne sont pas conformes, dans la spéculation et dans la pratique, avec les faits qui se passent autour de lui-même. C'est d'après ce genre de constitution, qui appartient à l'homme, qu'on peut, dès qu'il vient au monde, lui enseigner un dogme quelconque, et en faire un être insociable. C'est par suite de ce principe qu'un pauvre individu, initié en forme dans les mystères de Juggernant, devient insensé lorsqu'il s'agit des objets qui concernent ce monstre; tandis que, si on l'élève dans les dogmes du mahométisme, il déraisonne comme un homme en démence, sur tout ce qui concerne Mahomet. On pourrait établir le même raisonnement sur ces pauvres gens qui ont été imbus dès leur enfance des principes de Brahma, de Confucius, et de tous les systèmes de même nature, qui ne sont bons qu'à paralyser l'intelligence humaine.

Je ne doute pas, mes chers amis, que vous ne soyez convaincus, autant qu'une conviction peut entrer dans votre esprit, que personne d'entre vous n'a jamais été soumis à de semblables opinions; que vous avez été élevés dans la vérité; qu'il est évident que les païens, les juifs, les turcs, que chacun individuellement, que des millions et des milliards d'hommes pris en masse, ont évidemment tort. Vous conviendrez aussi qu'ils sont réellement des insensés. Mais, vous ajouterez, « nous avons raison; nous sommes les favoris du ciel; nous sommes éclairés; nous ne pouvons être trompés. » C'est là le sentiment de chacun d'entre vous dans ce moment. Je n'ai pas besoin que vous me disiez ce que vous pensez. Mais, dans ce cas, dois-je avoir égard à votre opinion ou à la mienne? Dois-je me contenter avec les principes qui m'animent, tandis que vous restez dans votre ignorance et dans votre misère? ou sacrifierai-je toute considération particulière en faveur de votre bien-être, et pour celui de vos semblables? Vous dirai-je, ainsi qu'au monde civilisé, que, sous plusieurs rapports, aucun de ceux dont je viens de parler, n'a été conduit à un plus haut degré de folie que vous ne l'avez été; et que vous êtes condamnés, ainsi que votre postérité, à croupir dans la folie et la misère aussi long-temps qu'on n'aura pas apporté un remède à ce mal?

Connaissez-vous, mes amis, la cause qui vous porte à penser et à agir ainsi que vous le faites? Je vais vous la dire. C'est uniquement parce que vous êtes nés, et que vous avez vécu à l'époque actuelle, en Europe, dans la Grande-Bretagne, et surtout dans le canton où vous êtes établis. Il est hors de doute que, si vous fussiez nés dans un autre siècle, ou dans un autre pays, vous eussiez eu des opinions et des sentimens tout différens de ceux que vous avez, et ainsi vous trouvant privés de la faculté de donner à ces opinions votre consentement, ou de le refuser, vous sacrifieriez en présence du grand idole Juggernant, ou vous vous disposeriez à une fête de Cannibales. Vous trouverez, en y réfléchissant, que la vérité de ces propositions est aussi certaine qu'il est évident que je parle.

Pourquoi donc ne supporteriez-vous pas avec charité les habitudes et les opinions de tous les hommes, fussent-ils même aussi méchans que vous pouvez vous le figurer? Pourquoi ne les traiteriez-vous pas avec bienveillance, et ne travailleriez-vous pas à leur faire du bien? Pourquoi ne souffririez-vous pas avec patience et commisération leurs défauts, leurs infirmités, et ne les regardiez-vous pas comme vos alliés et vos amis?

Si vous ne voulez pas, ou que vous ne puissiez pas comprendre ces sentimens, et y persévérer jusqu'à la fin de vos jours, la charité ne règne pas dans vos cœurs; vous ne pouvez avoir de religion; vous n'avez pas même la justice commune; vous vous méconnaissez vous-mêmes, et vous êtes entièrement dépourvus des notions relatives à la nature humaine.

Vous ne jouirez point du bonheur dans toute sa plénitude, et vous n'en ferez jamais jouir les autres, à moins que vos actions ne soient conformes à vos principes.

C'est en cela que consiste l'essence de la philosophie, du vrai et sincère christianisme, du christianisme dégagé des erreurs dont on l'a accompagné, d'une religion pure et sans taches.

On ne peut introduire dans la société une amélioration réelle et permanente, sans mettre en pratique ce principe dans toute son extension. Je vous déclare qu'aussi long-temps que vos pensées et vos actions ne s'y conformeront pas, votre philosophie ne sera qu'une chimère, votre christianisme qu'un calcul pour séduire et tromper les faibles et les ignorans, et vos pratiques religieuses n'auront d'autre éclat que celui des sépultures.

Ceux donc d'entre vous qui, dans la pureté de leur cœur et de leur esprit, désirent avec ardeur de se rendre utiles à leurs semblables, emploiront tous leurs efforts pour mettre en pratique ce système fondé sur la justice et sur l'humanité, et pour en étendre la connaissance jusqu'aux extrémités de la terre ; *car il ne peut exister parmi les hommes d'autres principes d'une action générale.*

Le temps me force de terminer par une conclusion, et de vous exposer les résultats immédiats de ce que j'ai établi.

Réfléchissez sérieusement sur les causes qui portent les hommes à penser et à agir ainsi qu'ils le font. Alors vous n'éprouverez ni surprise, ni étonnement, en voyant les sentimens et les habitudes daus lesquelles ils ont été élevés. Vous découvrirez ainsi la raison pour laquelle les hommes ont une certaine aversion pour vous-mêmes; vous les plaindrez à mesure que vous avancerez dans ce genre d'observation : vous vous apercevrez qu'on ne peut améliorer le genre humain et lui inspirer la raison par l'emploi de la force et de la violence; qu'il est absolument nécessaire de supporter les vieilles institutions sous lesquelles nous vivons, jusqu'à ce qu'il ait été prouvé par la pratique qu'un autre système et un autre arrangement social sont essentiellement meilleurs. Vous regarderez en conséquence comme un devoir de respecter ce qui est établi et de vous y soumettre; car la défection d'une ancienne maison ne serait pas un acte de sagesse, quelque inhabitable qu'elle fût, si l'on n'achevait d'abord celle où l'on se propose de loger.

Continuez d'obéir aux lois sous lesquelles vous vivez; et, quoique la plus grande partie de ces lois soient fondées sur l'ignorance et la folie les plus extravagantes, soumettez-vous à leur joug jusqu'à ce que le gouvernement du pays qui, je présume, se trouve confié à des hommes disposés à adopter un système d'amélioration, croie possible d'abolir des lois créatrices du mal, et d'en donner qui aient une tendance contraire.

Quant à moi, je n'ai rien à vous demander que vous ne m'ayez déjà accordé. Je désire seulement que vous soyez convaincus de l'ardeur que je mets à vous être utile ainsi qu'à vos enfans, et à étendre avec votre secours ce bienfait au genre humain : je ne réclame pas votre exactitude, votre amour, votre respect ; car ces choses ne dépendent pas de vous. Je ne demande ni ne désire des louanges ou des distinctions d'aucun genre ; car je suis intimement convaincu que ces choses ne sont pas faites pour moi, et qu'elles ne pourraient m'être d'aucun usage ; je désire fortement d'être considéré comme un simple individu parmi vous ; comme un fileur de coton qui est appelé chaque jour à des occupations indispensables. Mais j'ai d'autres vues sur vous-mêmes. Une nouvelle période se présente à nos regards. Elle doit commencer par un oubli entier et sincère de tout sentiment pénible que vous pourriez encore éprouver les uns vis-à-vis des autres, ou envers vos semblables. Lorsque vous éprouverez ces sentimens désordonnés, car dans les circonstances où vous vous trouvez, et d'après l'éducation que vous avez reçu, ils renaîtront sans cesse ; rappelez-vous aussitôt la manière dont l'esprit des hommes a été formé, l'origine d'où dérivent les sentimens et les habitudes : tout mouvement d'inimitié cessera alors en vous ; vous rechercherez avec calme la cause qui vous a donné une autre manière de voir, et vous apprendrez à aimer vos semblables et à leur faire du bien. En apportant un peu de persévérance dans une pratique aussi simple et aussi facile à acquérir, vous parcourrez rapidement le chemin qui doit vous conduire, ainsi que vos voisins, à un bonheur réel.